Mon album illustré bilingue
كتابي المصور ثنائي اللغة

Les plus beaux contes pour enfants de Sefa en un seul volume

Ulrich Renz • Barbara Brinkmann:

Dors bien, petit loup · نَمْ جيداً، أيُها الذئبُ الصغيرْ

À lire à partir de 2 ans

Cornelia Haas • Ulrich Renz:

Mon plus beau rêve · أَسْعَدُ أَحْلَامِي

À lire à partir de 2 ans

Ulrich Renz • Marc Robitzky:

Les cygnes sauvages · البجع البري

D'après un conte de fées de Hans Christian Andersen

À lire à partir de 5 ans

© 2024 by Sefa Verlag Kirsten Bödeker, Lübeck, Germany. www.sefa-verlag.de

Special thanks to Paul Bödeker, Freiburg, Germany

All rights reserved.

ISBN: 9783756304516

Lis · Écoute · Comprends

Dors bien, petit loup

نَمْ جيداً، أيُها الذئبُ الصغيرْ

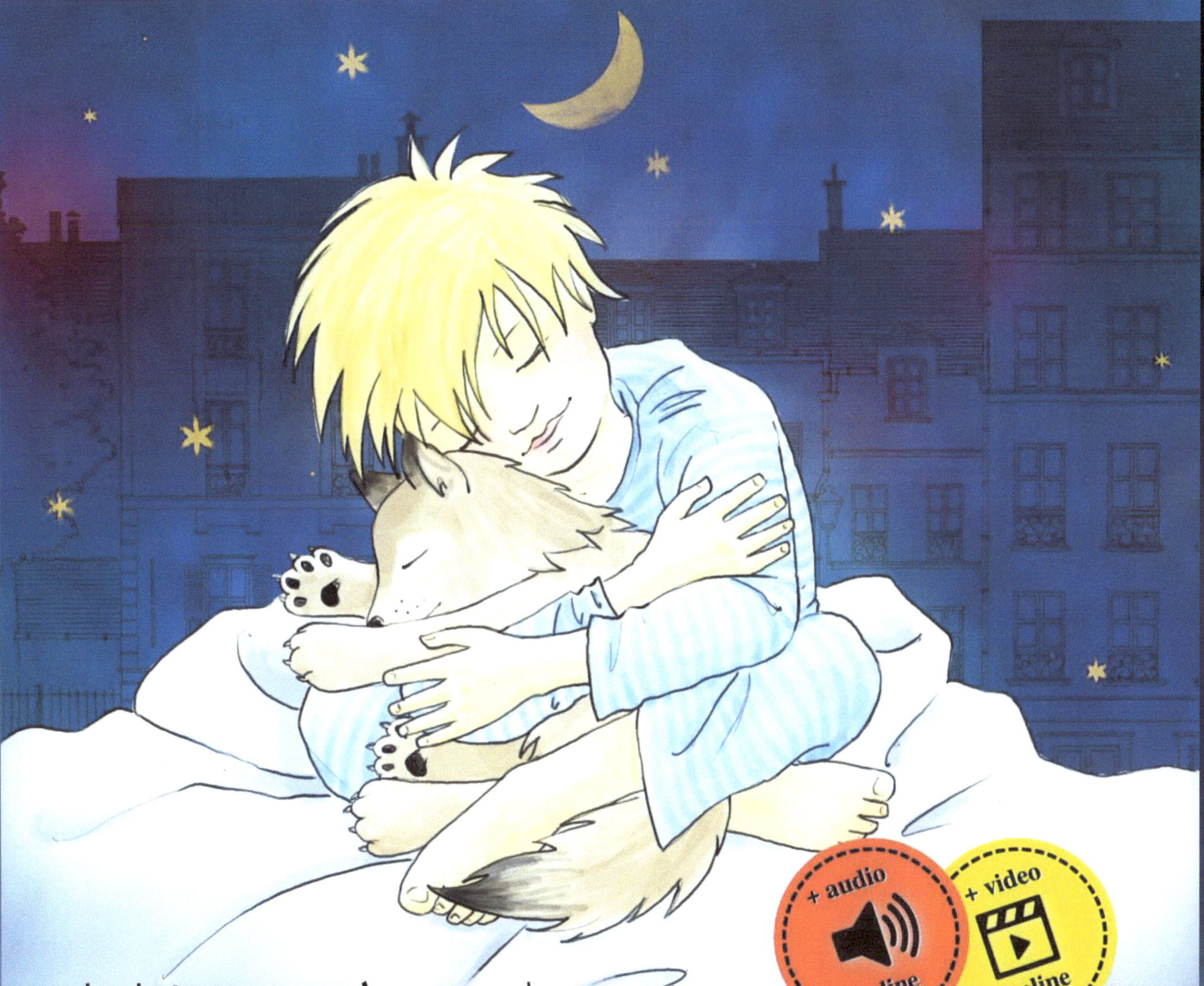

+ audio online

+ video online

Ulrich Renz / Barbara Brinkmann

français **bilingue** **arabe**

Traduction:

Céleste Lottigier (français)

Abdelaaziz Boussayer (arabe)

Livre audio et vidéo :

www.sefa-bilingual.com/bonus

Accès gratuit avec le mot de passe:

français: **LWFR1527**

arabe: **LWAR1027**

Bonne nuit, Tim ! On continuera à chercher demain.
Dors bien maintenant !

ليلة سعيدة يا تيم!

غداً سَنُتابعُ البحثَ. أما الآنَ فنمْ جيداً!

Dehors, il fait déjà nuit.

لقد حلَّ الظلام.

Mais que fait Tim là ?

ماذا يَفعلُ تيم هُناك؟

Il va dehors, à l'aire de jeu.
Qu'est-ce qu'il y cherche ?

إنه خارِجٌ إلى الملعب.
عَنْ ماذا يبحَثُ هُناك؟

Le petit loup !

Sans lui, il ne peut pas dormir.

عَنْ الذئب الصغير!

لأنه لا يستطيع النومَ بدونه.

Mais qui arrive là ?

مَنْ القَادِمِ؟

Marie ! Elle cherche son ballon.

إنها ماري! تبحث عن كُرَتِها.

Et Tobi, qu'est-ce qu'il cherche ?

و عَنْ ماذا يَبحَثُ طوبي؟

Sa pelleteuse.

عن حَفَّارَتِهِ.

Et Nala, qu'est-ce qu'elle cherche ?

و عَنْ ماذا تَبحَثُ نالا؟

Sa poupée.

عن دُميتِها.

Les enfants ne doivent-ils pas aller au lit ?
Le chat est très surpris.

ألم يَحِنْ وقت نَومِ الأطفال؟
تَتَساءَلُ القطة بعجب.

Qui vient donc là ?

مَن القَادِم الآن؟

Le papa et la maman de Tim !
Sans leur Tim, ils ne peuvent pas dormir.

أمُ تيم و أبوه!
فهم لا يَستَطِيعونَ النَّومَ بدونِ ابنِهما تيم.

Et en voilà encore d'autres qui arrivent !
Le papa de Marie. Le papi de Tobi. Et la maman de Nala.

و هنالك المزيدُ قادمون!
أبُو ماري. جدُّ طوبي. و أمُ نالا.

Vite au lit maintenant !

الآن أسرِعوا إلى النوم!

Bonne nuit, Tim !

Demain nous n'aurons plus besoin de chercher.

ليلة سعيدة يا تيم!

غداً لن يكونَ علينا البحثُ مجدداً.

Dors bien, petit loup !

نَمْ جيداً، أيُها الذئبُ الصغيرْ!

Cornelia Haas • Ulrich Renz

Mon plus beau rêve

أَسْعَدُ أَحْلَامِي

Traduction:

Martin Andler (français)

Oumaima Naffouti (arabe)

Livre audio et vidéo :

www.sefa-bilingual.com/bonus

Accès gratuit avec le mot de passe:

français: **BDFR1527**

arabe: **BDAR1027**

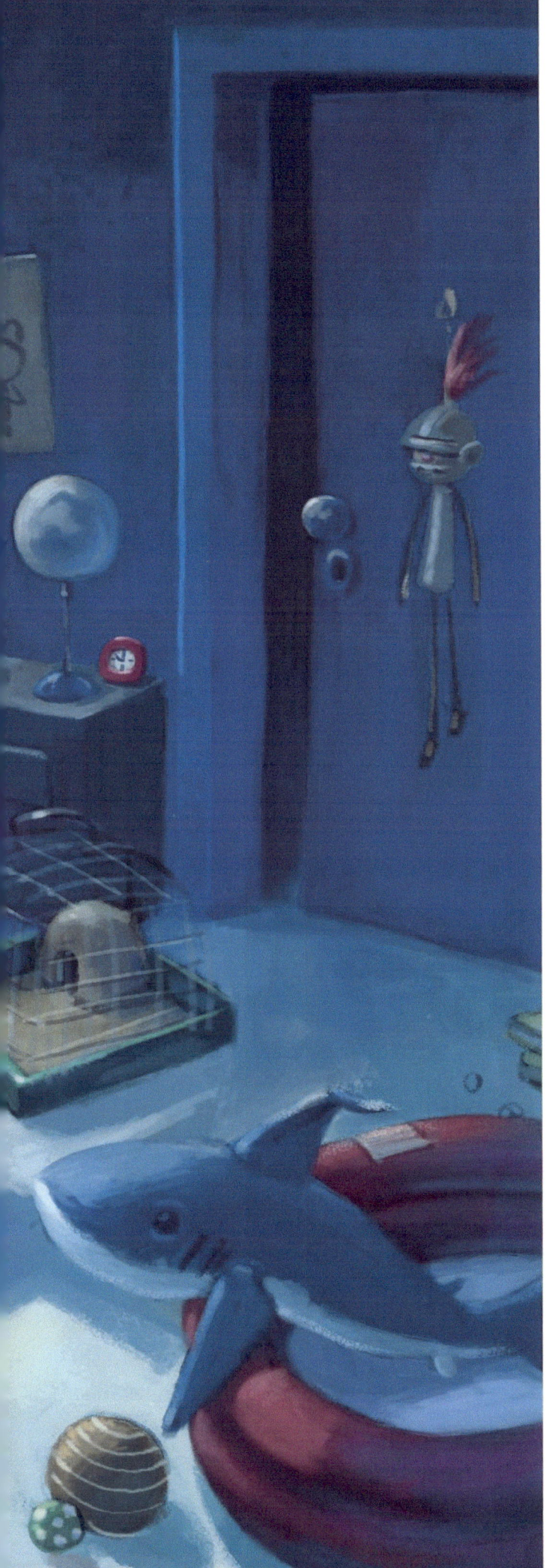

Lulu n'arrive pas à s'endormir. Tous les autres rêvent déjà – le requin, l'éléphant, la petite souris, le dragon, le kangourou, le chevalier, le singe, le pilote. Et le bébé lion. Même Nounours a du mal à garder ses yeux ouverts.

Eh Nounours, tu m'emmènes dans ton rêve ?

لُولُو لَا تَسْتَطِيعُ النَّوْمَ، الآخَرُونَ فِي سُبَاتٍ عَمِيقٍ يَحْلُمُونَ؛ الْقِرْشُ، اَلْفِيلُ، الْفَأْرَةُ الصَّغِيرَةُ، التِّنِّينُ، الْكُنْغُرُ، الفارِسُ، اَلْقِرْدُ، الطَّيَّارُ وَاَلْشِبْلُ. حَتَّى الدَّبُّ الصَّغِيرُ يَفْتَحُ أُعيْنَهُ بِصعُوبَةٍ أَيُّهَا الدُّبُّ الصَّغِيرُ!

هَلْ تَأْخُذُنِي مَعَكَ فِي حُلْمِكَ؟

Tout de suite, voilà Lulu dans le pays des rêves des ours. Nounours attrape des poissons dans le lac Tagayumi. Et Lulu se demande qui peut bien vivre là-haut dans les arbres ?

Quand le rêve est fini, Lulu veut encore une aventure. Viens avec moi, allons voir le requin ! De quoi peut-il bien rêver ?

وَفِي الْحَالِ هَاهِي لُولُو فِي بَلَدِ أَحْلامِ الدِّبَبَةِ. كَانَ الدُّبُّ الصَّغِيرُ يَصْطَادُ الأَسْماكَ فِي بُحَيْرَةِ تَاغَايُومِي وَلُولُو تَتَسَاءَلُ مَنْ يُمْكِنُهُ العَيْشَ فَوْقَ الأَشْجارِ.

عِنْدَمَا انْتَهَى الحِلْمُ، لُولُو تُرِيدُ مُغامَرَةً أُخْرَى. تَعالَ مَعِي لِرُؤْيَةِ القِرْشِ، بِمَاذَا هوَ حالِمٌ؟

Le requin joue à chat avec les poissons. Enfin, il a des amis ! Personne n'a peur de ses dents pointues.

Quand le rêve est fini, Lulu veut encore une aventure. Venez avec moi, allons voir l'éléphant ! De quoi peut-il bien rêver ?

القِرْشُ يَلْعَبُ لِعْبَةَ المُطارَدَةِ مَعَ الأَسْماكِ. أَخيراً أَصْبَحَ لَهُ أَصْدِقاءٌ إلَّا أَحَدَ يَخافُ أَسْنانَهُ المُدَبَّبَة.

عِنْدَما انْتَهَى الحِلْمُ، لُولُو مازَالَتْ تُريدُ مُغامَرَةً أُخْرَى. تَعالَيا مَعِي لِرُؤْيَةِ الفِيلِ بِماذا هوَ حالِمٌ؟

L'éléphant est léger comme une plume et il peut voler ! Dans un instant il va se poser dans la prairie céleste.

Quand le rêve est fini, Lulu veut encore une aventure. Venez avec moi, allons voir la petite souris. De quoi peut-elle bien rêver ?

اَلْفِيلُ خَفِيفٌ مِثْلِ اَلرَّيْشَةِ وَيَسْتَطِيعُ الطَّيَرَانَ. وَهُوَ عَلَى وَشَكِ أَنْ يَحُطَّ في المَرْجِ السَّمَوِيِّ. عِنْدَمَا انْتَهَى الحِلْمُ، لُولُو مَازَالَتْ تُرِيدُ مُغَامَرَةً أُخْرَى. تَعَالَوْا مَعِي لِرُؤْيَةِ الفَأْرَةِ الصَّغِيرَةِ بِمَاذَا هِيَ حَالِمَةٌ؟

La petite souris visite la fête foraine. Ce qui lui plaît le plus, ce sont les montagnes russes.

Quand le rêve est fini, Lulu veut encore une aventure. Venez avec moi, allons voir le dragon. De quoi peut-il bien rêver ?

الفَأْرَةُ الصَّغِيرَةُ تَزورُ مَدينَةَ المَلاهِي. أَعْجَبَتْها لُعْبَةُ الأُفْعَوانَةِ كَثيراً.
عِنْدَما انْتَهَى الحِلْمُ، لُولُو تُرِيدُ مُغامَرَةً جَديدَةً. تَعالَوْا مَعي لِرُؤْيَةِ التِّنّينِ بِماذا هو حالِمٌ؟

Le dragon a soif à force de cracher le feu. Il voudrait boire tout le lac de limonade !

Quand le rêve est fini, Lulu veut encore une aventure. Venez avec moi, allons voir le kangourou. De quoi peut-il bien rêver ?

التِّنّينُ عَطْشانٌ لِأَنَّهُ يَنْفُثُ النّارَ مِنْ فَمِهِ. يَتَمَنَّى شُرْبَ بُحَيْرَةِ عَصيرِ اللَّيْمونِ كامِلَةً.
عِنْدَما انْتَهَى الْحِلْمُ، لُولُو مازالَتْ تُريدُ مُغامَرَةً أُخْرَى. تَعالَوْا مَعي نَزورَ الْكَنْغَرَ بِماذا هوَ حالِمٌ؟

Le kangourou sautille dans la fabrique de bonbons et remplit sa poche. Encore plus de ces bonbons bleus ! Et plus de sucettes ! Et du chocolat ! Quand le rêve est fini, Lulu veut encore une aventure. Venez avec moi, allons voir le chevalier ! De quoi peut-il bien rêver ?

الْكُنْغَرُ يَقْفِزُ فِي مَصْنَعِ الْحَلْوَى وَيَمْلَأُ جَيْبَهُ مَزِيدًا مِنْ هَذِهِ الْحَلْوَى الزَّرْقَاءِ! مَزِيدًا مِنَ الْمَصَاصَاتِ! وَالشُّكَلَاطَةِ!

عِنْدَمَا انْتَهَى الْحِلْمُ، لُولُو مَازَالَتْ تُرِيدُ مُغَامَرَةً أُخْرَى. تَعَالَوْا مَعِي لِرُؤْيَةِ الْفَارِسِ بِمَاذَا هُوَ حَالِمٌ؟

Le chevalier a une bataille de gâteaux avec la princesse de ses rêves. Ouh-la-la, le gâteau à la crème a raté son but !
Quand le rêve est fini, Lulu veut encore une aventure. Venez avec moi, allons voir le singe ! De quoi peut-il bien rêver ?

الفارِسُ يَخوضُ مَعْرَكَةَ الْمُرَطِّباتِ مَعَ أَميرَةِ أَحْلامِهِ. يا لِلْهُولِ! قِطْعَةُ الْمُرَطِّباتِ أَخْطَأَتْ الْهَدَفَ!

عِنْدَما انْتَهَى الْحِلْمُ، لُولُو ما زالَتْ تُريدُ مُغامَرَةً أُخْرَى. تَعالَوْا مَعي لِرُؤْيَةِ الْقِرْدِ بِماذا هُوَ حالِمٌ؟

Il a enfin neigé au pays des singes. Toute leur bande est en folie, et fait des bêtises.

Quand le rêve est fini, Lulu veut encore une aventure. Venez avec moi, allons voir le pilote ! Sur quel rêve a-t-il pu se poser ?

تَساقطَ الثَّلجُ أخيرًا فِي أرْضِ القِرَدَةِ. فِرْقَةُ القِرَدَةِ خَرَجَتْ مِنْ دِيارِهَا يَشْعُرُونَ بِالنَّشْوَةِ وَ يَتَصَرَّفُونَ مِثْلَ المَجانينِ، تُغَنِّي وَتَرْقُصُ وَتَقُومُ بِحَماقاتٍ.

عِنْدَمَا انْتَهَى الحِلْمُ، لُولُو مَازَالَتْ تُرِيدُ مُغامَرَةً أُخْرَى. تَعالَوْا مَعِي لِرُؤْيَةِ الطَّيَّارِ أَيْنَ رَسَى حُلْمُهُ؟

Le pilote vole et vole. Jusqu'au bout du monde, et encore au delà, jusqu'aux étoiles. Jamais aucun pilote ne l'avait fait.
Quand le rêve est fini, ils sont déjà tous très fatigués, et n'ont plus trop envie d'aventures. Mais quand même, ils veulent encore voir le bébé lion.
De quoi peut-il bien rêver ?

اَلطَّيَّارُ يَطِيرُ وَيَطِيرُ حَتَّى نِهايَةِ العالَمِ وَأَكْثَرَ، حَتَّى النُّجومِ. لَمْ يَفْعَلْها حَتَّى طَيّارٌ مِنْ قَبْلِهِ.
عِنْدَما اِنْتَهَى الحِلْمُ، كَانَ الكُلُّ مُتْعَبًا وَلَا يَرْغَبُونَ فِي مُغامَراتٍ جَديدَةٍ لَكِنَّهُمْ يُرِيدُونَ زيارَةَ
اَلشِّبْلِ بِماذا هوَ حالِمٌ يا تَرَى؟

Le bébé lion a le mal du pays, et voudrait retourner dans son lit bien chaud et douillet.
Et les autres aussi.

Et voilà que commence …

اَلشِّبْلُ يَشْتَاقُ إِلَى دِيارِهِ وَيُرِيدُ الرُّجوعَ لِفِراشِهِ الدّافِئِ الحَنونِ.

والْآخَرونَ أَيْضًا.

وَهُنَا يَبْدَأُ...

... le plus beau rêve
de Lulu.

... أَسْعَدُ أَحْلامِ لُولُو.

Ulrich Renz • Marc Robitzky

Les cygnes sauvages

البجع البري

Traduction:

Martin Andler (français)

Inana Othman, Seraa Haider (arabe)

Livre audio et vidéo :

www.sefa-bilingual.com/bonus

Accès gratuit avec le mot de passe:

français: **WSFR1527**

arabe: **WSAR1027**

sefa

Ulrich Renz · Marc Robitzky

Les cygnes sauvages

البجع البري

D'après un conte de fées de

Hans Christian Andersen

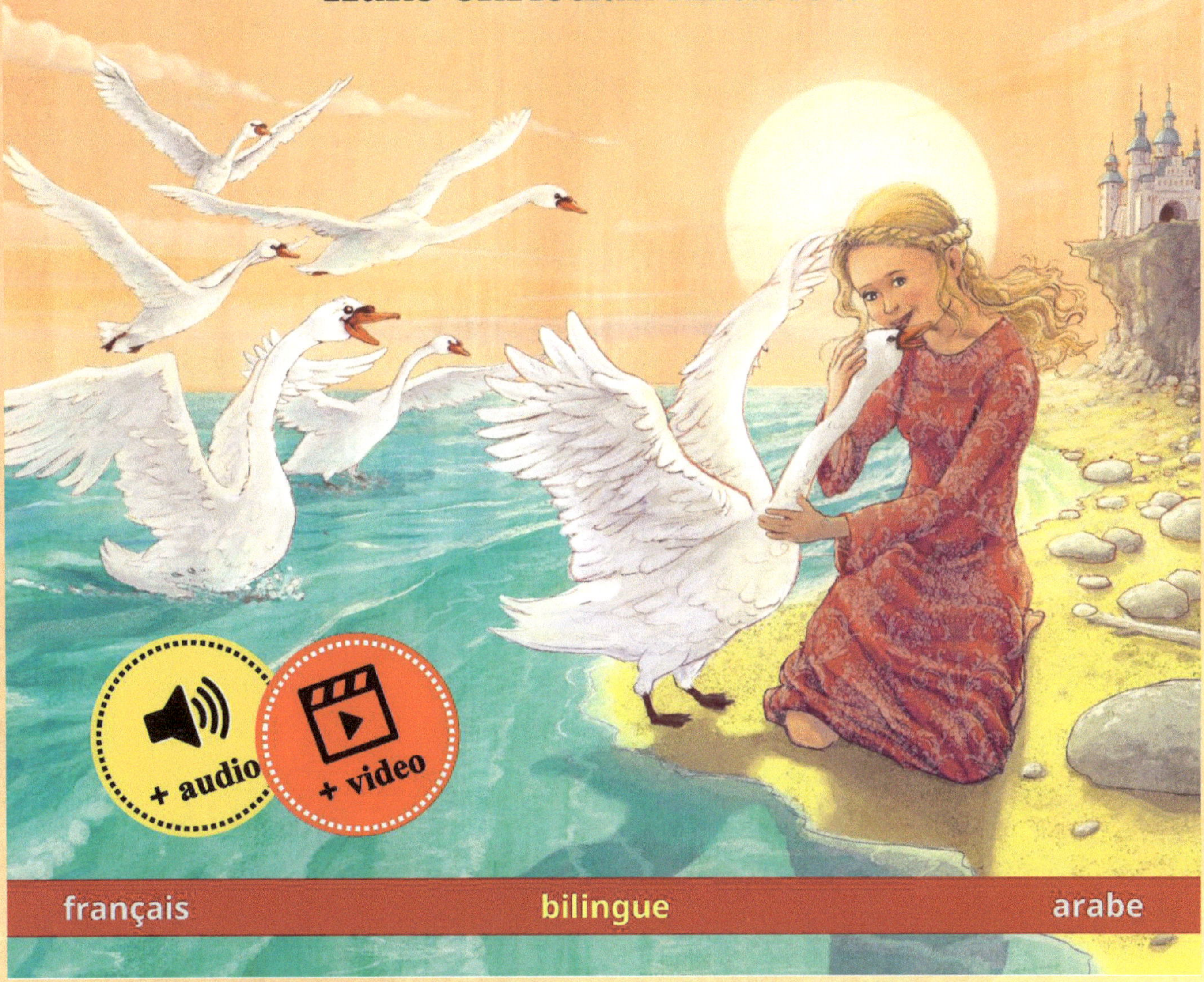

français bilingue arabe

Il était une fois douze enfants royaux — onze frères et une sœur ainée, Elisa. Ils vivaient heureux dans un magnifique château.

كان ياما كان في سالف العصر والأوان، كان يوجد ملك لديه اثنى عشر إبناً وإبنة – أحد عشر أميراً وأختهم الكبرى، إليزا. كانوا يعيشون بسعادة في قصر جميل.

Un jour, la mère mourut, et après un certain temps, le roi se remaria. Mais la nouvelle épouse était une méchante sorcière. Elle changea les onze princes en cygnes et les envoya dans un pays éloigné, au delà de la grande forêt.

في يوم من الأيام ماتت الأم، وبعد مدة من الزمن تزوج الملك ثانيةً. الزوجة الجديدة للملك كانت ساحرة شريرة؛ فقد سحرت الأمراء الإثني عشر وحوّلتهم إلى بجع وأبعدتهم إلى بلاد نائية، محاطة بالغابات من كل جوانبها.

Elle habilla la fille de haillons et enduisit son visage d'une pommade répugnante, si bien que son propre père ne la reconnut pas et la chassa du château. Elisa courut vers la sombre forêt.

أما الأميرة، فقد ألبستَها الملكة الساحرة رداءاً رثّاً ولطَّخت وجهها بصباغ قبيح، حتى أنَ أباها الملك لم يعد بمقدوره التعرف عليها، فقام بطردها من القصر. إليزا هربت راكضةً إلى الغابة المظلمة.

Elle était alors toute seule et ses frères lui manquaient terriblement au plus profond de son âme. Quand le soir vint, elle se confectionna un lit de mousse sous les arbres.

أصبحت الأميرة، الآن، وحيدة تماماً وتشعر بشوق شديد من أعماق قلبها الى إخوتها المفقودين. وحين حلَ الليل صنعت الأميرة لنفسها سريراً من الأعشاب والأشنة تحت الاشجار.

Le lendemain matin, elle arriva à un lac tranquille et fut choquée de voir son reflet dans l'eau. Une fois lavée, cependant, elle redevint le plus bel enfant royal sous le soleil.

في صباح اليوم التالي واصلت الأميرة سيرها ووصلت إلى بحيرة هادئة، إلى أن ارتعبت حين رأت إنعكاس وجهها على سطح ماء البحيرة، فقامت بغسل وجهها، وعادت مرة اخرى أجمل أميرة تحت الشمس.

Après de nombreux jours, elle arriva à la grande mer. Sur les vagues dansaient onze plumes de cygnes.

بمرور الأيام وصلت الأميرة إلى البحر الكبير، حيث كانت إحدى عشرة ريشة من ريش البجع تتأرجح على الأمواج.

Au coucher du soleil, il y eut un bruissement dans l'air, et onze cygnes sauvages se posèrent sur l'eau. Elisa reconnut tout de suite ses frères ensorcelés. Mais comme ils parlaient la langue des cygnes, elle ne pouvait pas les comprendre.

أثناء غروب الشمس تناهت أصوات في الأجواء، وعلى أثرها هبط أحد عشر بجعاً برياً على الماء. على الفور أدركت إليزا أنهم أشقاؤها الأحد عشر. ولأنهم يتحدثون فقط لغة البجع، لم تستطع أن تفهم كلامهم.

Chaque jour, les cygnes s'envolaient au loin, et la nuit, les frères et sœurs se blottissaient les uns contre les autres dans une grotte.

Une nuit, Elisa fit un rêve étrange : sa mère lui disait comment racheter ses frères. Elle devrait tricoter une chemise d'orties à chacun des cygnes et les leur jeter dessus. Mais avant d'en être là, il ne fallait pas qu'elle prononce un seul mot : sinon ses frères allaient mourir.
Elisa se mit au travail immédiatement. Et bien que ses mains lui brûlaient comme du feu, elle tricotait et tricotait inlassablement.

أثناء النهار كان البجع يطير بعيداً، وليلاً يحتضن الأخوة بعضهم بعضاً في الكهف.

في إحدى الليالي حلمت إليزا حلماً غريباً : رأت أمها تخبرها فيه،كيف تفكَّ السحر عن إخوتها، حيث يجب عليها أن تحيك قميصاً صغيراً من نبات القرّاص لكل بجعة، وأن تلق به عليها. لكن لا يتوجب عليها أن تنطق بكلمة واحدة، إلى أن تنهي المهمة؛ وإلَّا فسيموت إخوتها.
على الفور بدأت إليزا بالعمل وعلى الرغم من لسعات نبات القرّاص الحارقة ليديها إلّا أنها واظبت على الحياكة دون كلٍ أو ملل.

Un jour, des cornes de chasse se firent entendre au loin. Un prince, accompagné de son entourage, arriva à cheval et s'arrêta devant elle. Quand leurs regards se croisèrent, ils tombèrent amoureux.

في أحد الأيام تناهت أصوات أبواق الصيد من البعيد إلى مسامعها. ظهر أمير بصحبة حاشيته، وعلى الفور أسرع الأمير إلى المثول أمامها. وبمجرد رؤيتهما لبعضهما وقعا في الحب.

Le prince prit Elisa sur son cheval et l'emmena dans son château.

قام الأمير بوضع إليزا على حصانه وتوجه بها إلى قصره.

Le très puissant trésorier fut loin d'être content de l'arrivée de cette beauté muette : c'était sa fille à lui qui devait devenir la femme du prince !

وزير الخزانة القوي فور أن رأى البكماء الجميلة أصبح أبعد مايكون عن السعادة. إبنته كانت العروس المرتقبة للأمير.

Elisa n'avait pas oublié ses frères. Chaque soir, elle poursuivait son travail sur les chemises. Une nuit, elle alla au cimetière pour cueillir des orties fraiches. Le trésorier l'observa en cachette.

إليزا لم تنس إخوتها. مساء كل يوم كانت تقوم بمواصلة حياكة القمصان. في إحدى الليالي ذهبت إلى المقبرة لجلب بعض نبات القرّاص الطري وكان وزير الخزانة يراقبها سراً.

Dès que le prince partit à la chasse, le trésorier fit enfermer Elisa dans le donjon. Il prétendait qu'elle était une sorcière qui se réunissait avec d'autres sorcières la nuit.

وحين كان الأمير في إحدى رحلات الصّيد، رمى وزير الخزانة إليزا في السجن. حيث ادّعى بأنها ساحرة شريرة تلتقي ليلاً بساحرات أخريات.

Au petit matin Elisa fut emmenée par les gardes. Elle devait être brûlée sur la place du marché.

وفي مطلع الفجر أقتيدت إليزا من قبل الحراس كي يتم إحراقها في ساحة المدينة.

A peine y fut-elle arrivée qu'onze cygnes arrivèrent en volant. Elisa, très vite, jeta une chemise d'orties sur chacun d'eux. Bientôt, tous ses frères étaient devant elle en forme humaine. Seul le plus petit, dont la chemise n'était pas terminée, avait encore une aile à la place d'un bras.

وبمجرد أن وصلت إليزا هناك، حتى حامت فجأة إحدى عشرة بجعة بريّة بيضاء. وبسرعة رمت إليزا على كل واحدة منها قميصاً معمولاً من نبات القرّاص. وعلى الفور وقف إخوتها أمامها على هيأتهم البشرية. فقط الأخ الأصغر، لم يكن قميصه قد اكتمل تماماً، فبقيت إحدى ذراعيه جناحاً.

Les frères et la sœur étaient encore en train de s'étreindre et de s'embrasser quand le prince revint. Elisa put enfin tout lui expliquer. Le prince fit jeter le méchant trésorier dans le donjon. Après quoi, le mariage fut célébré pendant sept jours.

Et ils vécurent heureux et eurent beaucoup d'enfants.

تواصلت القبلات والأشواق بين الإخوة حتى بعد عودة الأمير. وأخيراً استطاعت إليزا أن تسرد للأمير كل حكايتها. ألقي الأمير الوزير الشرير في السجن، واستمرت الأفراح والليالي الملاح طوال سبعة أيام.

ولو لم يكن الموت قدراً محتوماً لكانوا عاشوا إلى يومنا هذا.

Hans Christian Andersen

Hans Christian Andersen est né en 1805 dans la ville danoise d'Odense et est mort en 1875 à Copenhague. Avec ses contes de fées tels que « La Petite Sirène », « Les Habits neufs de l'empereur » ou « Le Vilain Petit Canard », il s'est fait connaitre dans le monde entier. Ce conte-ci, « Les cygnes sauvages », a été publié en 1838. Il a été traduit en plus d'une centaine de langues et adapté pour une large gamme de médias, y compris le théâtre, le cinéma et la comédie musicale.

Barbara Brinkmann est née à Munich en 1969 et a grandi dans les contreforts bavarois des Alpes. Elle a étudié l'architecture à Munich et est actuellement associée de recherche à la Faculté d'architecture de l'Université technique de Munich. En outre, elle travaille en tant que graphiste, illustratrice et écrivaine indépendante.

Cornelia Haas est née en 1972 à Ichenhausen près d'Augsbourg. Après une formation en apprentissage de fabricant d'enseignes et de publicités lumineuses, elle a fait des études de design à l'université de sciences appliquées de Münster où elle a obtenu son diplôme. Depuis 2001, elle illustre des livres pour enfants et adolescents, depuis 2013, elle enseigne la peinture acrylique et numérique à la à l'université de sciences appliquées de Münster.

Marc Robitzky, né en 1973, a fait ses études à l'école technique d'art à Hambourg et à l'académie des arts visuels à Francfort. Il travaille comme illlustrateur indépendant et graphiste à Aschaffenburg (Allemagne).

Ulrich Renz est né en 1960 à Stuttgart (Allemagne). Après des études de littérature française à Paris, il fait ses études de médecine à Lübeck, puis dirige une maison d'édition scientifique et médicale. Aujourd'hui, Renz écrit des essais et des livres pour enfants et adolescents.

Tu aimes dessiner ?

Voici les images de l'histoire à colorier :

www.sefa-bilingual.com/coloring

www.ingramcontent.com/pod-product-compliance
Lightning Source LLC
LaVergne TN
LVHW070447080526
838202LV00035B/2760